中国古代哲学的总结者——王夫之

◎ 主编 金开诚

◎ 编著 郗秋丽

吉林文史出版社

吉林出版集团有限责任公司

图书在版编目（CIP）数据

中国古代哲学的总结者——王夫之 / 郗秋丽编著.
—长春: 吉林出版集团有限责任公司, 2011.4（2022.1重印）
ISBN 978-7-5463-5008-0

Ⅰ.①中… Ⅱ.①郗… Ⅲ.①王夫之（1619～1692）
—生平事迹 Ⅳ.① B249.2

中国版本图书馆 CIP 数据核字（2011）第 053468 号

中国古代哲学的总结者--王夫之

ZHONGGUO GUDAI ZHEXUE DE ZONGJIEZHE WANGFUZHI

主编/ 金开诚 编著/郗秋丽

项目负责/崔博华 责任编辑/崔博华 邱 荷

责任校对/邱 荷 装帧设计/柳甬泽 张红霞

出版发行/吉林文史出版社 吉林出版集团有限责任公司

地址/长春市人民大街4646号 邮编/130021

电话/0431-86037503 传真/0431-86037589

印刷/三河市金兆印刷装订有限公司

版次/2011 年 4 月第 1 版 2022 年 1 月第 5 次印刷

开本/650mm×960mm 1/16

印张/9 字数/30千

书号/ ISBN 978-7-5463-5008-0

定价/34.80元

前　言

　　文化是一种社会现象，是人类物质文明和精神文明有机融合的产物；同时又是一种历史现象，是社会的历史沉积。当今世界，随着经济全球化进程的加快，人们也越来越重视本民族的文化。我们只有加强对本民族文化的继承和创新，才能更好地弘扬民族精神，增强民族凝聚力。历史经验告诉我们，任何一个民族要想屹立于世界民族之林，必须具有自尊、自信、自强的民族意识。文化是维系一个民族生存和发展的强大动力。一个民族的存在依赖文化，文化的解体就是一个民族的消亡。

　　随着我国综合国力的日益强大，广大民众对重塑民族自尊心和自豪感的愿望日益迫切。作为民族大家庭中的一员，将源远流长、博大精深的中国文化继承并传播给广大群众，特别是青年一代，是我们出版人义不容辞的责任。

　　本套丛书是由吉林文史出版社和吉林出版集团有限责任公司组织国内知名专家学者编写的一套旨在传播中华五千年优秀传统文化，提高全民文化修养的大型知识读本。该书在深入挖掘和整理中华优秀传统文化成果的同时，结合社会发展，注入了时代精神。书中优美生动的文字、简明通俗的语言、图文并茂的形式，把中国文化中的物态文化、制度文化、行为文化、精神文化等知识要点全面展示给读者。点点滴滴的文化知识仿佛颗颗繁星，组成了灿烂辉煌的中国文化的天穹。

　　希望本书能为弘扬中华五千年优秀传统文化、增强各民族团结、构建社会主义和谐社会尽一份绵薄之力，也坚信我们的中华民族一定能够早日实现伟大复兴！

目录

一、王夫之
生平及著作

　　王夫之生于明朝万历四十七年（1619年），卒于清朝康熙三十一年（1692年），这是一段特殊的历史时期。政治方面，先是明朝腐朽的封建统治激化了阶级矛盾，农民起义风起云涌，接着是清军入关，全国政治一片混乱；经济方面，社会中出现了一些具有资本主义性质的因素，商业、手工业和农业逐渐发展起来，科学技术也有很多新的成就；思想方面，受政治和经济的影响，批判宋明理学成

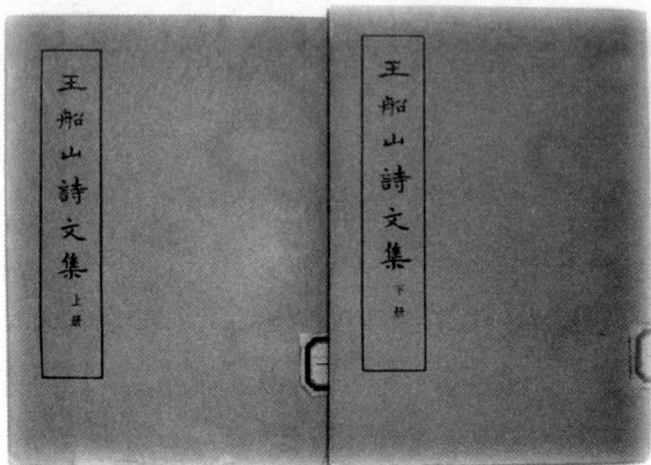

为大家共同的倾向，经世致用的思潮逐渐兴起。在这样特殊的历史条件下，王夫之经历了他顽石般不屈不挠的一生。

（一）不凡的青少年时代

王夫之出生于湖南衡阳一个没落的地主知识分子家庭，父亲王朝聘、叔父王廷聘以及伯兄王介之都是研究儒学的耿直之士，这使得他从小就受到儒家的传统教育。四岁时，王夫之就开始跟随比他大十二岁的伯兄王介之读书，到七岁时，就已经读完了"十三经"，"十三经"篇幅浩大，仅正文就有百万余字，对一般人来说都深奥难懂，何况王夫之当时还只是一个孩童，从四岁到七岁就能读完"十三经"，说明王夫之的理解力实在惊人。到十岁时，王夫之开始跟随父亲学习经义，阅读古今经义数万篇。经义是当时科举考试所用的文体之一，王夫之用心学习经义，说明当时他是比较倾心于走科举这条道路的，他从十五岁起就参加每三年一次的科举考试，虽多次失败，求学的过程却从未间断：在叔父王廷聘的指导下，王夫之十六岁开始学

习声韵，读了大量的诗歌，十九岁开始读史书，二十岁时游学于岳麓书院，阅览大量书籍。二十四岁那年，王夫之终于在乡试中取得名次，却被席卷全国的农民起义阻断了去北京会试的道路，政治的动乱从此拉开序幕，王夫之通过科举进入仕途报效国家的希望就此破灭了。留恋科举的同时，王夫之并不像其他儒生那样"两耳不闻窗外事，一心只读圣贤书"，他十分关心时局的动荡，对结社也有很大的热情。从岳麓书院求学开始，王夫之先后参加和组织了"行社"、"匡社"和"须盟"，结交了很多好友，在结社活动中展现了匡扶社稷的志向。纵观他的青少年时代，不仅博览经史子集，在文学、史学、哲学等方面都有很高的起点，还迈向社会，明白了国家民族大义，为他后来的哲学思想打下坚实的基础。

（二）关心政治变动，为抗清斗争出谋划策

　　王夫之科举被阻后，张献忠领导的农民起义军攻陷了衡州，曾想用强制手段招纳王夫之。受传统儒家思想影响，王夫之认为农民起义军是犯上作乱的"贼"，自己坚决不能屈从。于是，王夫之躲到附近的黑沙潭，避开了起义军的招纳。在此期间，他还作了《九砺》抒发自己的心情。这一年十一月，明军进攻张献忠的起义军，起义军失败离开湖南，

王夫之才得以还乡。1644年春天，李自成领导的起义军攻破北京，崇祯皇帝自杀，这使王夫之悲痛不已，还为此作了《悲愤诗》一百韵。从这两次遭遇中留下来的作品看，王夫之是站在与农民起义军对立的地主阶级立场上的。但是，随着社会形势的变化，他的这一思想逐渐发生了转变。

崇祯帝自杀同年，吴三桂引清兵入关，清兵占领北京城后又迅速占领了大半个中国，明朝将士纷纷南逃，并在南京拥立朱由崧为帝，成立弘光政权。政权初成立时，清军势力还不大，弘光政权所统辖的军队至少有五十万人，加上全国人民的抗清热情，是有希望反击的。但是，南明政权却把矛头指向了农民起义军，给了清军可乘之机。1645 年 4 月，清军攻入南京，弘光政权灭亡。此后，南明出现了两个并峙的政权：绍兴的鲁监国和福州的隆武政权。由于清军南下进攻时的极端残暴，人民反抗民族压迫

的斗争风起云涌，与此同时，南明政权仅左良玉在湖北的部队就有八十万人马，还有一支李自成旧部义军五十万人马，在这样的形势下，如果南明政权能以民族利益为重，团结一致，共同抗清，还是有可能转败为胜的。可是，这两个政权内部却为了争权夺利互相斗争，避开清军锋芒各自为战，猜忌、排挤农民起义军，让清军得以坐收渔翁之利。这种严峻的形势，王夫之当然十分关心，他经常到外面活动打听抗清作战的消息。他在弘光和隆武两个政权覆灭后都续写过

一百韵《悲愤诗》，表达他的愤恨。悲愤之余，更多的是焦虑，王夫之看到各部队将领不能互相配合，部署不周密，后勤供给也布置得不够妥善，还了解到驻扎湖南的何腾蛟与驻扎湖北的堵胤锡两名将领之间有私人恩怨，考虑到两湖地区在抗清斗争中的重要战略地位，王夫之十分担心二人的私怨会影响战争的大局。于是，王夫之于1646年3月从衡阳出发，到湖北巡抚章旷营中提出了自己的建议，请章旷出面调和何、堵二人的矛盾，并与农民起义军协同作战，还提出了一些后勤供应的建议。但是，章旷

认为何、堵二人之间并无矛盾，没有采纳王夫之的意见，他联合各方力量抗清的计策没能实现。从这次给军队的提议中可以看出，虽然王夫之对农民起义军仍有偏见，却能肯定农民起义军在抗清斗争中的重要作用，认识到社会矛盾的实质，这对他以后的哲学思想有重要影响。这次提议以后，他的夫人陶氏病死，王夫之也意识到自己人微言轻，只好把自己的心情寄托在研读书籍上，开始研究《周易》。

（三）三赴永历政权

1646 年 10 月，永历政权在广东肇庆成立，这给处在悲痛和绝望中的王夫之带来了希望。第二年春天永历政权在刘承胤的劫持下迁至武冈，王夫之听说后非常兴奋，就和好友夏汝弼奔赴武冈，走到车架山附近时被大雨阻隔，他们饥寒交迫，幸亏得到别人帮助才存活下来。

这期间，局势变得更加严重，清军攻陷了衡阳，王夫之全家逃散，父亲和两个叔叔相继在离乱中去世，等他料理完丧事，永历政权也已转移。他为家人守丧的同时，一面潜心研究《周易》，一面注视着时局的发展，期待着一个有利于明朝匡复社稷的时机。1648 年，全国抗清形势发生好转，王夫之大受鼓舞，为配合各地战争，他和夏汝弼等人毅然发动了衡山起义，却以失败告终，为避免敌人追捕，王夫之再次投奔永历政权。这次，王夫之对永历政权存有很大希望，

认为那里一定上下一心为恢复失地而斗争，自己可以施展抱负。但当他到达当时政权所在地肇庆时，却只看到政权内部的派系斗争和腐败，大失所望，决定返还家乡，等待时机再为国效力。1649年春，清兵攻陷湖南全境，王夫之遭到迫害，母亲谭太夫人担心儿子的安全，让他早日离开衡州，王夫之又一次投奔永历政权，掌管传旨、册封等礼仪。这期间，王夫之与郑氏结婚。后来，永历政权内部派系斗争加剧，王夫之为营救被诬陷下狱的金堡，三次上书弹劾王化澄，被王陷害，几乎丢掉性命，幸亏得到起义军将领高一功营救，才与夫人逃亡到广西桂林。

伟大思想家王船山

（四）在流亡中投身理论创作

王夫之逃到桂林后不久，局势更加混乱。兵荒马乱中，王夫之又得知母亲病倒，就在清兵逼近桂林时带着妻子侄儿返回家乡衡阳，途中遭遇种种艰难，几乎丧命，但等他到家，母亲早已去世。这段时期，丧母之痛和民族灾难，都使王夫之的精神十分抑郁，加上无法跨越战火继续追随逃奔南宁的永历政权，王夫之只好在家中教子读书。1652 年，李定国率领起义军收复大片失地，曾派人召请王夫之为抗清效力，那时南明政权已被野心家孙可望把持，王夫之考虑到孙可望不能有所作为，没有应召前往，后来的事实证明，孙可望果真是一个民族败类。第二年，孙可望嫉妒李定国的赫赫战功，密谋诱杀李定国，李定国被迫撤离湖南，清朝恢复了在湖南的统治，对一些怀有异心的明臣严加追捕。在这种情况下，王夫之改名为瑶人，和妻子避居于湘南地区，过着极其艰难的流亡生活。这期间，他一边为学生讲授《春秋》，一边进行理论创作，在1655年，也就是王夫之三十七岁那年完成了他的第一部理论著作《老子衍》，并开始撰写他哲学体系的奠基之作《周易外传》，第二年又完成了政论书《黄书》的创作。在《黄书》中，王夫之怀着悲痛的心情总结了明王朝失败的教训，并揭露了社会矛盾，批判了封建专制制度，这些初步体现了他的民主要求。1657年，清

政府已经基本巩固了它所占领地区的政权，就一方面攻打永历政权占据的云贵地区，一方面收买人心"大赦天下"，在这种情况下，湖南的社会秩序相对安定下来，王夫之和家人回到之前在衡阳筑成的续梦庵居住，他缅怀祖先，写下了《家世节录》，两年后又移居湘西金乡高节里的"败叶庐"居住。这两年内，虽然湖南相对稳定，清军却正加紧对永历政权的进攻。1659 年，清军将永历追至缅甸，缅甸王在吴三桂重兵逼迫下交出永历帝，1661 年，永历政权覆亡。同年，妻子又患病身亡，留下年幼的儿子王敔，一连串的打击让王夫之悲痛不已。

永历政权覆亡后，王夫之一心投入理论创作，把自己的全部智慧投入到哲学和社会政治问题上的探索。1663 年，也就是王夫之四十五岁时，他写成《尚书引义》，用五十篇短文发挥了自己的哲学思想，论述了天人关系，改造了佛学

中的能所观，探讨了知行、义利、理势、名实等哲学范畴。四十七岁时，王夫之又完成了写作多年的《周易外传》，对古代唯物论和辩证法作了创造性发挥，通过道器、易象、体用等范畴论证了世界的物质性，通过动静、常变等范畴回答了世界的存在形式，还提出了很多其他有意义的命题，这本书是他早年哲学理论的奠基之作。同年，王夫之还完成了《读四书大全说》的创作，该书以四书的篇目为序，借其中的一些命题发挥了自己的哲学思想，运用辩证观分析了格致、知行关系，提出理势相成的历史观，同时批判了程朱理学的唯心论。此外，他还根据自己的教学讲稿编撰成《四书训义》，论证了很多哲学上的问题。这些书都是王夫之重要的哲学著作。但是，王夫之此时的创作环境是异常艰苦的，清政府政权得到巩固后，加大了对思想文化领域的控制，以残酷的手段镇压反清知识分子。王夫之作为明朝遗民，坚守民族气节，不愿向清政府低头，几乎被人控告，为避免遭人横议，他四十九岁那年躲避到湘乡居住，生活非常艰苦，有诗为证："短襟自寒，朔风摇缸。岁暮薇枯，饥谁与同。"在这样艰苦的条件下，他完成了《春秋家说》《春秋世论》的创作，并将自己三十岁以后的诗作编成《五十自定稿》。五十一岁时，王夫之续娶夫人张氏，并迁入新筑的草屋"观生居"居住，生活才稍感安适。这一年，他又完成了《续春秋左氏传博议》，该

第七册 四書訓義（上）

船山全書

[明] 王夫之 著

书和前两部春秋都是引古讽今的评史论政之作，王夫之敢于在这样危险的环境中毫不畏惧地写这样的书，可见其坚持创作的战斗精神。五十三岁时，他写成了《诗广传》，借《诗经》中的词句引申发挥，内容涉及文学、哲学、政治、伦理各个方面。五十五岁，王夫之又写成《礼记章句》，这一年是1673年，正是三藩之乱发生的时候。虽然他未拒绝跟随吴三桂造反，但从一些史料中可以推断，王夫之曾在这段时期四处出游，以他对清政府的态度，可能是想借机反清。清政府当然也注意到了他的活动，以为他与吴三桂父子有关。为避免招来猜疑，王夫之在五十七岁那年冬天迁居到石船山，新筑房舍"湘西草堂"居住，从此结束了流亡生活，定居下来。

（五）僻居荒山、著述终老

虽然王夫之在二十多年的流亡生涯中笔耕不辍，坚持完成了很多创作，他大多数的作品还都是在晚年定居后完成的。五十八岁时，王夫之写成《周易大象解》，这是王夫之易学研究的重要成果之一，对孔孟思想多有继承发展。此后，王夫之又陆续完成《被襆赋》《永历实录》《庄子通》等重要作品。其中《永历实录》主要记录了永历政权十六年间的历史，《庄子通》则是借《庄子》各篇中的某些命题发挥自己哲学思想的著作。

王夫之六十三岁时，三藩之乱被彻底镇压，康熙皇帝因政权稳固，放松了

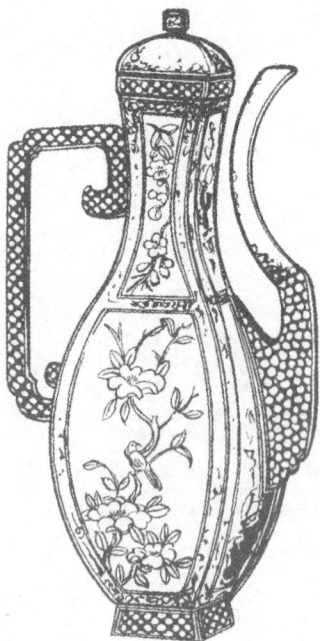

对知识分子的政策，这就给了王夫之的创作提供了一个比较安静的客观环境，使得他迎来了创作的高峰期，在人生的最后十年里完成了许多具有新颖见解的学术著作。六十四岁时，王夫之写出《说文广义》和论述封建制度改革的政论著作《噩梦》，两年后又完成《俟解》一书，论述了政治道德修养。六十七岁时，王夫之写成《楚辞通释》《周易内传》及《周易内传发例》，其中《周易内传》总结了历来对《周易》的解释，关于阴阳、动静、理欲等哲学内容均有精彩论述。次年，《思问录》《张子正蒙注》成书，《思问录》是一部成熟的哲学和科学笔记，分内外篇，内篇涉及很多哲学问题，外篇则是涉及科学问题；《张子正蒙注》对张载的《正蒙》作了多方面阐发。这些书构成了王夫之哲学理论体系的重要组成部分。六十九岁时，王夫之写成《读通鉴论》，根据司马光《资治通鉴》评论历

代政策、人物、史实等，系统地阐述了自己的历史观和政治主张。步入七十高龄后，王夫之还先后完成了《南窗漫录》《自题墓石》《夕堂永日绪论》等重要作品，值得一提的是他七十三岁写成的《宋论》一书，借宋朝的失败抒发思念故国之痛，其爱国之情可见一斑。1692 年，七十四岁的王夫之逝世于湘西草堂，结束了他历尽艰辛的一生。

王夫之一生给后人留下了丰富的精神财富。被清朝统治的四十多年里，王夫之为寻求民族复兴，寄希望于未来，写下了一大批永垂史册的著作，它们从多角度反映、总结了时代的思想，在不同的领域都有杰出贡献，尤其是哲学领域，他的贡献尤其突出。像文中提到的《周易外传》《周易内传》《尚书引义》《张子正蒙注》《读四书大全说》《思问录》《老子衍》《庄子通》《礼记章句》《续春秋左氏传博议》《春秋世论》《读通鉴论》

等，都是他的重要哲学著作，王夫之将辩证唯物主义发展到前所未有的高度，可以称得上是我国古代唯物论的大哲学家。本书总结了王夫之的哲学著作，将他的哲学思想系统地分为唯物论、辩证法、认识论、人生观、历史观等几个部分，希望能和读者一起加深对王夫之哲学思想的认识。

勝事傳東都非因壺山花汾水侶

此一老奇八老爭相扶會昌已千載

紫綬紆吾愛白居士高懷絕世無有

日永性澹忘歲徂翩，青烏來若若

娛樂婆婆林木下放浪詩酒餘情欺愷

求友相追呼紅顏斯可嗟白髮聊自

藏九老人歘然見其圖猶如少年子

芰始

二、唯物主义思想

　　王夫之是一个彻底的唯物主义者，他认为世界是物质的，物质是第一性的，观念意识和规律法则等都从属于物质，不能离开物质独立存在……王夫之从多个角度论证了他的唯物主义思想，把我国古代唯物主义哲学推到了高峰。

　　首先，关于世界的本原问题，王夫之继承了张载"太虚无形，气之本体"（《正蒙·太和》）的思想，创造性地提出"太虚一实"（《礼记章句》）的观点，指

出宇宙是由气构成的物质性实体，"阴阳二气充满太虚，此外更无它物，亦无间隙，天之象，地之形，皆其范围也"（《张子正蒙注·太和》），他肯定宇宙间充满了气，除此之外没有其他物质。

王夫之认为，世间有两种气，一种是阴阳未分的太和之气，有实体却没有形态，另一种是凝聚成万物万象的有可见形态的气。因此，世界上的万事万物无论有形无形，都是实在的气构成的，气凝聚在一起就形成物体的形象，人们就认为这是"有"，是存在；气分散开来，形体就隐藏起来了，人们就认为这是"无"，是虚无。实际上，无论气凝聚还是分散，人们能不能看见，它都是客观存在的，世界上没有绝对的"无"，这就否定了那些以虚无为本的哲学，从根本上论证了世界的物质性。

此外，王夫之还论证了气的永恒性，"气有变易而无生灭"，他不承认物质有生灭，只认为物质有往来、屈伸、幽明、聚散、消长、生死等，而这些过程只是气的变易。拿人的生死来说，王夫之认为"《易》言往来，不言生灭……此以知人物之生，一原于二气至足之化；其死也，反而氤氲之和，以待时而复……生非创有，而死非消灭，阴阳自然之理也。"（《周易内传·系辞上传》）这句话的意思就是说，气只有往来而无生灭，人的生不是气的创造，只是阴阳二气的聚合；死也不是气的消灭，只是气又返回到氤氲的原始状态了。他还做了一系列实验，把

柴、油等燃尽或加热后得到另一物质形态，以此来证明气有变易而无生灭，在当时的生活条件下，王夫之能利用实验得出这样科学的结论是非常难得的。证明了气的无生灭，也就说明了世间的物质不会随着具体物质形态的消灭而消灭，这就更有力地证明了世界的物质实在性。

除了世界的物质实在性，王夫之还分别对理气、道器、形神、名实、文质等一系列哲学上争论不休的范畴作了唯物主义的阐释，表达了物质第一性的观点，全面地论证了他的唯物主义思想。

"理"与"气"：这里说的"理"即天理、规律、法则，"气"则是物质世界，二者的关系问题是中国哲学史上，尤其是宋

明理学家热衷争辩的重要问题。程朱理学家认为，理在气之先，"有理而后有象"（《二程集》）、"所谓理与气，此决是二物"（《朱文公文集》）。王夫之驳斥了理学家的这一观点，提出唯物主义理气论。

首先，王夫之指出在理气中气是第一性的。他解释了理气的内涵，指出气是实在的物质存在，它有规律地变化运动形成各种事物；而理则是气之理，是事物固有的本质和必然规律，它是气运动变化形成的，有客观性和规律性。在《思问录》中，王夫之说道："气者，理之依也。"理依赖于气而存在，这就明确指出，在理气关系中气是第一性的，而理是第二性的，理依附、从属于气。

其次，王夫之还认为气为理所制约，在《读四书大全说》中，他说道："天理只在气上见，其一阴一阳，多少分和，主持调剂者，即理也。"气的运动变化都为理所制约，这就是理的主持调剂作用，它使得天地万物有规律地存在。

理需要依存于气才能存在，气也离不开理的制约作用，因此，王夫之又提出"理气一也"（《周易外传》），认为理气是一个统一体，批判了理学家割裂理气的观点。在《张子正蒙注·太和》中，王夫之指出："理在气中，气无非理；气在空中，空无非气，通一而无二者也。"他强调，只要有理在就有气在，因为理依托在气上，气是理存在的载体，没有气便不能有理；同时有气在也就有理在，气需要理的条理化、秩序化才能成型，二者是不可分割的统一体。在理气的统一关系中，气是物质载体，是第一性的，理是气运行的规律，是第二性的。王夫之通过对理气关系的论证，批驳了唯心主义和理学家的错误观点，建立了唯物主义的理气统一论，肯定了物质的根本性。

"道"与"器"：《周易》中提出"形而上者谓之道，形而下者谓之器"的命题，宋明理学家特别重视其中"道"与"器"这对范畴，并用唯心主义解释道，把道和器割裂开来。王夫之对这一现象进行了批判，阐发了唯物主义的道器观。

要全面理解王夫之关于道与器的哲学思想，先要了解他的道与器的内涵："道者，物所众著而共由者也。物之所著，惟其有可见之实也；物之所由，惟其有可循之恒也。"（《周易外传》）这里所说的"可见之实"就是器，"可循之恒"则是道。可见，道就是一切事物的普遍规律，器则

是具体事物，因此，道与器的关系，实际上就是普遍规律与具体事物之间的关系。

王夫之批判了前人的许多错误观点，首先，他批判了唯心主义者脱离开器谈道，指出道不在器外，不能离开具体事物而独立存在，道就存在于各种各样的事物之中。此外，他还认为，道与器是统一在事物中的，不能用"形而上"、"形而下"将二者割裂开来。最后，王夫之还驳斥了朱熹等人的"道先器后"论，指出道器同时存在，并无先后之分。

批判了唯心主义，论证了道与器相统一的观点后，王夫之还进一步论证了道与器的主从关系。道与器虽无先后之分，却不是并列存在的，"天下惟器而已矣。道者器之道，器者不可谓道之器也""盈天地之间皆器矣"（《周易外传》），天下间除了按规律运动的事物外再无他物，道依据器而存在，而不是器依据道

而存在。这就在肯定了世界的物质性的同时，论证了道从属于器的关系。此外，王夫之还说："器与道相为体用之实也；而形而上之道丽于器之中"（《张子正蒙注》），论证了道器之间有一层"相函"的关系。最后，在道器问题上，王夫之还提出"道莫盛于趋时"（《思问录》），指出道应随着器的变化而变化，为社会改革进步提供了理论基础。

王夫之的理气论和道器论肯定了物质的第一性，从根本上批判了唯心主义，动摇了数百年理学唯心主义的权威，对后来的唯物主义哲学的发展产生了深刻的影响。除了理气、道器这两对与唯心主义针锋相对的范畴外，王夫之形神论、名实论、文质论也是他唯物主义思想的重要组成部分。

"形"与"神"：人永远是哲学探讨的核心问题，中国哲学史上很早就开始

探讨人的精神与形体孰为第一性，精神是否会随着形体的灭亡而消失，关于这些问题，王夫之也提出了自己的看法。

他在《张子正蒙注》中说道："气以成形，神以居理"，指出形体是气聚成的物质，精神依附于形体，又有"神者、气之灵，不离乎气而相与为体，则神犹是神也"说明神是阴阳二气的灵性，即精神不能脱离形体而独立存在。因此，形体决定精神，相对于精神来说是第一性的。基于上述观点，王夫之还提出神灭论，在《张子正蒙注》提道："阴阳相感聚而生人物之神，合于人物之身，永久则神随形敝，敝而不足以存，复散而合于氤氲者为鬼。"神产生于形体，随着形体的变化而变化，形体没了，神也就散了，转化为气归于原始，被称为鬼。因此，王夫之认为，世间不存在脱离形体而独立存在的灵魂。

除此之外，王夫之还对形神关系作了辩证分析。他在《周易外传》中提出"形非神不运，神非形不凭……车者形也，所载者神也"，他用车载作比喻，车就像人的形体，车有载的功能就像人有神，神有支使形体的功能。王夫之"形凭神运"的观点承认了精神对形体的反作用，说明他对形与神的观点是唯物、辩证的。

王夫之的形神论否定了神超越形体

的独立存在，与这一观点密切相关的是他的无神论思想。在中国古代，很多人把天人格化为具有超能力的神，认为天能主宰人的生活，针对这一观点，王夫之对天作了新的解释。他认为天是客观存在的物质，"天者，固积气者也"（《读四书大全说》），物质的天是没有意识的，没有感情，也不具备分辨是非善恶的能力，更不具备主宰意志，这就否定了天的神性特征。天既然是物质的、客观的，是一种自然现象，人就不应该迷信天的超能力，在天人关系中，人才是具有主

动能力的主体，应该尊重客观规律并发挥主观能动作用，"以道事天"（《张子正蒙注》）、"以人造天"（《周易外传》）。这样，王夫之就通过对天的解释和天人关系的探讨阐述了他的无神论思想，批判了神学主宰的天。

"名"与"实"："名"就是事物的概念、名称，"实"则是实在的事物，哲学上关于名实关系的争辩是在孔子提出"正名"这个命题后开始的，王夫之继承了前人的成果，提出很多新的见解。

首先，针对一些学者离开实谈名，

王夫之指出"名从实起"（《周易外传》），"名之所加，亦必有实矣"（《薑斋文集》），认为有了名才能有实，名是根据实产生的，如果没有实的存在，就不可能有什么名。所以，名是反映实的，实是第一性的，而名是第二性的。既然名要反映实，王夫之进一步指出："知其物乃知其名，知其名乃知其义，不与物交，则心具此理，而名不能言，事不能成。"（《张子正蒙注》）我们在给客观事物命名时，必须对事物有所了解，此外，在实发生变化的情况下，名也应跟着发生相应变化，否则，名就跟不上实的变化，不能正确反映实质内容。可见，王夫之的名实论是建立在唯物主义认识论基础上的唯物主义名实论。

虽然肯定了实的第一性，名从属于实，王夫之也强调了名对实的反作用，肯定了二者是相互依存的统一体。他在《尚书引义》中说："名待实以彰，而实亦由名而立。"名依靠实得到彰显，而实也依靠名被社会承认。由此，王夫之提出名实不可偏废，"知实而不知名，知名而不知实皆不知也。"即只知道名、实中的一个都不是真正的知。因为"知实而不知名"的人只是看见了事物的形象，却不能形成一个概念，也就不能了解事物的本质，从而利用他并发挥它的本质作用；而"知名而不知实"的人，只不过是了解了一个空空的概念罢了，更不可能了解事物的本质。我们必须要把名实统一起来，防止这两种情况的发生。

"文"与"质"：这对范畴由孔子最早提出，是哲学、文学以及美学的重要范畴。"质"是实质、形体，属于内容，

而"文"是文采，属于外在形式，是重内容还是重形式，这是文学史上的重要问题，王夫之以唯物论为理论指导，从哲学角度对这一问题作了创造性的阐发。

崇尚质实是王夫之在文与质关系上提出的思想前提。他把内容视为形式的主导，在《读四书大全说》中，王夫之说道："质准其文，文生于质"，"质如皮，文如毛"，"质可生文而文不能生质"，文是在质的基础上产生的，这就回答了文与质中质才是第一性的，驳斥了文质混同、文决定质的观点。

比前人进步的是，王夫之在看到质的第一性的同时，还看到了文对质的反作用，全面发挥了孔子"文质彬彬"的观点。前人也大多肯定文质不能偏废，王夫之则是在内容决定形式的基础上，承认形式对内容有反作用，辩证地看到了文对质的能动性，提出"文以昭质"（《读通鉴论》）。"昭"的意思是显著、光耀，

王夫之认为文能完善质的内容，光耀质的含义，对质有积极作用。事实上，王夫之还没看到文对质的消极作用，这是他关于文质理论的缺失之处。

名与实、文与质这两对范畴，对应了现代术语中的形式与内容，《大儒列传——王夫之》一书中用一句话总结了王夫之的名实观与文质观"因名以劝实，因文以全质"，可见王夫之哲学中实对名、质对文的决定作用，从另一角度肯定了物质第一性。

综上所述，王夫之从本原出发论证了世界的物质实在性，并通过论证理气、道器、形神、名实、文质等哲学范畴的辩证关系，批判了唯心主义的错误倾向，全面表达了物质第一性的观点，将唯物主义思想发展到顶峰，对后来的哲学产生了重要影响。

三、辩证法思想

王夫之从世界的本原、理气、道器、形神、名实、文质等多方面论证了物质第一性，那么，这些物质是以何种形式存在的呢？王夫之不仅回答了世界是运动变化的，还阐明了物质运动变化的原因和方式，提出矛盾的对立统一和事物的运动变化发展观，体现了丰富的辩证法思想。

王夫之的辩证法可以从他的宇宙生成论谈起。在王夫之以前，就有很多学者讨论过宇宙的生成问题，其中对王夫之产生重要影响的主要是《周易》的先天后地（即先乾后坤）说，张载的"气之本体"的宇宙生成论和王廷相的"元气"生成万物等观点。王夫之总结《周易》中的乾坤内容，对前人的思想进行了批判性继承，提出"乾坤并建"的观点。首先，他在《周易外传》中指出"万物日受命于天地，而乾坤无不为万物之资"，指出乾坤是万事万物生成的资本，是宇宙的起源。其次，王夫之还论证了"乾坤并建"化生万物的规律，乾象为天，坤象为地，天的阳性和地的阴性相交错生成了形形色色的事物，"一阴一阳之谓道，天地之自为体，人与万物之所

受命，莫之然也"（《周易内传》），他认为一阴一阳的变化规律就是天地万物本身所固有的发展规律。

那么，阴阳二气的变化规律是什么呢？王夫之指出运动是阴阳二气所固有的属性和本质规律，宇宙空间是气的不停运动："太虚者，本动者也。动以入动，不息不滞"（《周易外传》）。他又说："二气之动，交感而生"（《思问录》），确认运动的作用在于化生万物。在阴阳二气中，阳气属动，阴气属静，阴阳二气凝聚成的事物也有动静两种属性：一方面，万事万物都处于不断的运动变化之中，另一方面，静止的作用又使事物的形态得以区分。王夫之肯定了万事万物都在

不停运动变化，运动就是绝对的，而静
止是相对的，他在《思问录》中指出："静
即含动，动不舍静"、"静者静动，非不
动也"，静止都是相对于运动的静止，是
运动中的静止，是运动的一种状态。

既然肯定了"太虚本动"，世间万物
都在不停地运动变化着，那么运动变化
的源泉和动力是什么呢？王夫之在《老子
衍》中指出："天下之变万，而要归于两端。"
可见，王夫之认为，"两端"是事物运动
变化的原因，那么，"两端"又是指什么呢？
王夫之在《张子正蒙注》中指出："物物

有阴阳，凡事如之。"阴阳本义是日光的向背，在王夫之的哲学中，阴阳则有对立的意思。在他看来，世界上的各种事物，都是由既对立又不可分离的阴阳二气结合而成的，说明客观世界的事物内部都含有既对立又相互依存的两个方面，这两个方面，就是推动万物运动变化的"两端"。

接下来的问题又出来了，"两端"是如何引起事物的运动变化的呢？王夫之对此也有论述。他认为两端的变化形式多种多样，究其根本原因在于上文提到的"交感"作用。王夫之认为阴阳二气的交感作用形成万物的生长变化，因此事物内部都存在着阴阳两端。"凡天下之

物，一皆阴阳往来之神所变化"（《张子正蒙注》），"一气之中，二端既肇，磨之荡之，而变化无穷"（同上），事物内部这两个对立面互相推移、磨荡，屈伸往来，因而变化无穷，推动事物的变化。

认为物物有阴阳，说明王夫之已经认识到了矛盾的普遍性；阴阳交感运动促成事物的运动变化，说明他已经认识到了矛盾是事物变化发展的动力。不仅如此，王夫之还剖析了统一体中"一"和"二"的相互关系，提出"分一为二"、"合二以一"的矛盾对立统一思想。

王夫之首先论述了"一"和"二"的

内涵："自其合同而化者，则浑沦于太极之中而为一；自其清浊虚实大小之殊异，则固为二"（《周易内传》），"一"指阴阳未分的太极状态、统一状态，"二"指阴阳两端，既事物内部的两种对立面。王夫之认为，天地间的事物都有阴阳对立的双方，统一体由于一动一静的矛盾运动，分裂为二，这就是"分一为二"；阴阳对立的双方处于一个统一体中，"独阴不成，孤阳不生"（《张子正蒙注》），只有矛盾的双方互相结合才能使事物得以生成和发展，这就是"合二以一"。上文已经提到，王夫之充分肯定了对立的"两"是事物发展的动因，但他又不片面的强调"二"的作用，充分认识到"两"存在

于"一"中，"一"为体，"二"为用，没有对立双方的相互依存，也就谈不到运动变化，"分一为二"和"合二以一"是相辅相成的。"分一为二"、"合二以一"的思想说明王夫之对矛盾的对立统一有深刻的见解，他已经有了从统一中把握对立，在对立中把握统一的思想。

此外，王夫之还阐发了矛盾双方在一定条件下可以相互转化的思想。他在《周易外传》中有这样一段话："进极于进，退者以进；退极于退，进者以退。存必于存，邃古之存，不留于今日；亡必于亡，今日所亡，不绝于将来，其局不可得而

定也。"这句话的意思是，前进到极限就会转化为后退，后退到极限也会转化为前进，远古的事物到今天都消失了，但今天的事物未必在将来也消失，进和退、存与亡都不是绝对的，它们在一定条件下会转化为它的对立面。在王夫之看来，矛盾的双方在不断地往复、消长中达到某种平衡，当二者的变化达到某种程度时，就有可能打破这种平衡而发生突变，使事物的性质发生转变。因此，人们要以全面发展的观点看待矛盾的事物。

王夫之辩证法的另一个重要问题是运动变化的方向、趋势问题。在中国哲

学史上，很多人持停滞、循环甚至倒退的观点，王夫之则持发展的观点，提出"天地之化日新"（《思问录》）的思想。

在《思问录》中，王夫之有这样一段论述："天地之德不易，而天地之化日新。今日之风雷非昨日之风雷，是以知今日之日月非昨日之日月也。"另有："质日代而形如一，无恒器而有恒道也。江河之水，今犹古也，而非今水即古水。灯烛之光，昨犹今也，而非昨火之即今火。水火近而易知，日月远而不察耳。爪发之日生而旧者消也，人所知也。肌肉之日生而旧者消也，人所未知也。人见形之不变而不知其质之日迁……"这段话阐述了天地间虽有永恒不变的发展规律，却没有永恒不变的具体事物。我们根据形状的变化知道水火不是之前的水火，爪发不是之前的爪发，却不知道外形不变的日月、肌肉每天也都在发生质的变化。天地万物每天都有旧质的逐渐消亡和新质的逐渐产生，这就是"天地之化日新"的含义。

王夫之把旧质代替新质的过程分为"内成"和"外生"两类。"内成"是指事物内部的渐变，以生物生死的一个周期为例，他把生物的发展变化分为五个阶段：第一阶段是阴阳之气聚集萌生生物的阶段；第二阶段阴阳相感，产生动静，是生物的发育期；第三阶段是"灌注"阶段，生物成长壮大逐渐成形；第四阶段是事物的衰减阶段；第五阶段生物湮

灭。这五个阶段都属于事物内部的渐变过程，属于"内成"。"外生"是指由一事物发展成为另一事物，旧事物被新事物代替，是质的飞跃。王夫之认为："新故相推，日生不止"（《尚书引义》），"外生"，即事物的质变是世界发展的必然规律，是宇宙向前发展的生命力。王夫之把事物的"内成"和"外生"看做世界由低级向高级发展的进步趋势。

综上所述，王夫之已经从客观事物的运动变化揭示了矛盾的对立统一及世界的发展前进，那么，客观世界的这种变化发展是否有规律可循呢？王夫之的答案是肯定的。他继承了《周易》中"常"、"变"的内涵，(《周易》讲"动静有常"、"一阖一辟谓之变"，"常"指恒久，也就是不变的法则；"变"指变化。) 提出自己的观点，认为"变"是不经常的，是偶然的现象，"乘之时者，变也"(《周易外传》)，而"常"是天地万物固守的常理，是事物的一般规律，"天地固有之常理而非其变。若此者，固将以为可恒久之道也"(《周易内传》)。另外，王夫之论述事物的发展时也提出"天地之德不易"和"无恒器而有恒道也"，可见他认为世界万物的运动变化一直是有规律的。

王夫之把运动变化观建立在朴素唯物论的基础上，辩证地论证了世界的存在状态，他的观点不仅停留在理论阶段，还和自然界、社会生活密切相关，使他的哲学体系倍增光辉，值得后世研究借鉴。

四、认识论

王夫之的唯物论和辩证法系统地介绍了世界的物质性及其存在方式，那么，人是否可以认识这个客观世界，又该以什么方式认识客观世界呢？他从"能"、"所"的关系出发，探讨了"格物"与"致知"、"知"与"行"等问题，运用朴素的唯物辩证法把认识论发展到一个新的水平。

（一）"能"与"所"

主观与客观的关系是认识论的首要问题，王夫之通过对"能"、"所"关系的探讨解决了这一问题。"能"与"所"原是佛学的一对范畴，名僧僧肇在《肇论·般若无知论》中说："般若即能知也，五阴即所知也。"可见，"能"就是能知，是主观认识，"所"就是所知，是认识对象。佛学提出这两个概念来区分主观和客观后，销"所"于"能"之中，让主观吞没了客观。后世的理学和心学受佛教影响，也混淆了主观和客观的关系，以"能"为"所"，甚至把一切事物都看做心的体现。王夫之批驳了上述观点，改造了佛学的

"能"、"所"范畴，重新界定了主体与客体之间的关系。

王夫之在《尚书引义》中说："其所谓'能'者即用也，所谓'所'者即体也……所谓'能'者即思也，所谓'所'者即位也……所谓'能'者即己也，所谓'所'者即物也……"他把能所解释为体用、思位、己物，并分别从这三个方面论证了"所"的第一性和"能"的第二性。

首先，"所谓'能'者即用也，所谓'所'者即体也"，王夫之把"所"看成是事物的"体"，"能"看成是"用"，他认为，"体"是事物的形体、实体，不从属于主体，而是离开人们的主观意识独立存在的事物；"用"是指功能、属性，是客观事物作用于人的主观表现。他在《周易外传》

中用车乘、器贮形象地说明了两者的关系："无车何乘？无器何贮？故曰体以致用；不贮非器，不乘非车，故曰用以备体。"车是"体"，有车才有乘的作用，同样，有器才有储存物品的作用，因此，有"体"才能产生"用"；相反，没有乘的作用不是车，没有储藏作用的不是器，"用"是"体"的作用。王夫之用"体"相对于"用"的第一性，形象地比喻了"所"对"能"的决定作用，证明了"所"的第一性和"能"的第二性。

第二，"所谓'能'者即思也，所谓'所'者即位也"，王夫之用"思"、"位"

来说明"能"、"所"的关系。"思"是思考，"位"是位置或处境，王夫之认为有"位"才有"思"，人之所以认识天地的存在是因为天地有了固定的位置，"故曰'天地有定位'，谓人之始觉，知有此而定位也，非有所在有所不在者也"（《周易外传》），"人之始觉"是能，它发生在"天地定位"之后，人之所以有认识是因为天地定位的客观存在，而不是什么"有所在有所不在者"的问题。因此，"思"在"位"之后，客体是第一位的。

最后，"所谓'能'者即己也，所谓'所'者即物也"，"己"当然是指主体，"物"则是自然界的客体，王夫之直接把

"能""所"与主客体联系在一起,认为"物"作为认识对象,必须确实存在,才可以去认识,才能使"己"发挥作用,因"所"以发"能",证明了"所"的第一性。

如上所述,王夫之从体用、思位、己物等方面证明了"所"决定"能",客体决定主体,坚持了唯物主义认识论的前提——主观认识是客观对象的反应,摆正了主观与客观的位置。

客体对主体固然有决定作用,但王夫之的认识论不局限于此,他还指出人在客观世界面前具有认识的主动权,并在一定程度上看到了主体对客体的能动作用。

王夫之在《尚书引义》中说："己欲交而后交，则己固有权已。""交"是指人接触外界事物，"权"是指人的主动性，他认为人对外界事物是有认识的主动权的。"有物于此，过乎吾前，而或见焉，或不见焉。其不见者，非物不来也，己不往也。"（同上），人对外界事物认识不认识，不取决于事物，而取决于主体是否发挥认识的主动性。

王夫之还指出，只有发挥主动性，对事物的认识才能不断深化和发展，对事物的认识不断深化和发展，才能深刻认识事物的本质，并在此基础上发挥能动作用，"治器"、"用器"（《周易外传》）、"以知能之力推而行之"（《四书笺解》）。关于主体对客体的能动作用，王夫之认为并不是无条件的，"能"产生于"所"，就必然不能与"所"分离，因此，王夫

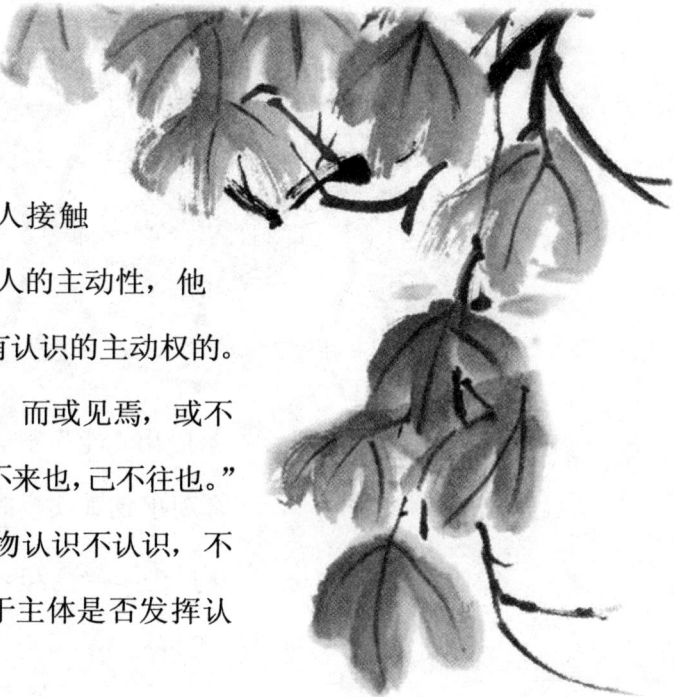

之提出"能"必副其"所"，必须在对客观事物如实反映的基础上发挥能动作用，不能偏离实际，走唯心主义的道路。

（二）知觉的产生与"格物"、"致知"两个阶段

明确了主观与客观的关系后，王夫之又论证了主观是如何认识客观的，即知觉的产生问题。他认为，知觉是认识活动的开始，知觉的产生需要三个条件："形也，神也，物也，三相遇而知觉乃发。"（《张子正蒙注》）

这里涉及知觉和形、神、物几个概念。

他对知觉的解释见于《读四书大全说》："随见别白曰知，触心警醒曰觉。"一看就明白是什么叫"知"，通过思考对事物有所了解的叫"觉"，知相当于感性认识，觉相当于理性认识。"形"是指耳、目、口、体等人的感觉器官，它们的作用是"由目辨色"、"由耳审声"、"由口知味"（《尚书引义》），"视听之明，可以摄物，心知之量，可以受物"（《张子正蒙注》），总之，感官可以反映外界事物，"形"是知觉发生的必要条件。"神"指精神、思维，它们既支配肢体活动，也支配着知觉的发生，王夫之在《尚书引义》中说："一人之身，居要者心也。而心之神明，散寄于五藏，待感于五官。"可见，感官是理性思维的载体，理性思维靠感官达到对事物的认识。"形"和"神"都是知觉发生的主体条件，"物"则是知觉发生的客观源泉，是认识的对象，它包括从自然界到人类社会的一切事物："天之风霆雨

露亦物也，地之山陵原隰亦物也……凡民之父子兄弟亦物也，往圣之嘉言懿行亦物也……"（《尚书引义》）可见，物是知觉的源泉，形是认识的桥梁，神在知觉中起控制作用，形、神、物这三者相遇，知觉才会产生。

王夫之还认为，在知觉产生过程中，有感性认识阶段和理性认识阶段，即"格物"和"致知"两个阶段。

"格物致知"是《礼记·大学》中首先提出的思想，因其意义不明，后世对此有很多不同的理解，主要的是理学和心学两派的解释。以朱熹为代表的理学家认为，"格物"和"致知"是认识"理"的两种途径，以王阳明为代表的心学家认为"格物致知"就是获得心中的道理。王夫之则对格物致知作了全新的解释。

王夫之认为，"格物"和"致知"是认识的两个阶段。"格物"阶段是认识的前一阶段，即感性认识阶段，他在《读

四书大全说》中讲：“大抵格物之功，心官与耳目均用，学问为主而思辨辅之，所思所辨者，皆其所学问之事。”可见，在格物阶段，以感觉器官为主，思维器官为辅，主要任务是广泛地认识事物的现象，获得学问，这是认识的第一步，在整个认识过程中有极其重要的位置。但是，人们不能只停留在对事物现象的认识，格物阶段还有待升华为理性认识，即认识的后一阶段——致知。在致知阶段，“其功唯在心官，思辨为主，而学问辅之”（同上），以思维器官为主，感觉器官为辅，主要任务是对感性认识提供的材料进行理性思辨，即通过思维的归纳总结，由表及里，达到对事物本质的认识。

由此，王夫之明确了知觉的过程分为"格物"与"致知"前后两个阶段，格物才能致知，二者的顺序不可颠倒。与此同时，他还提出"格物"与"致知"不能偏废，"格物"是"致知"的前提，"致知"是"格物"的目的，二者相互依存，不可分割，联系在一起才能实现感性认识向理性认识的升华。至此我们可以看出，王夫之对知觉的认识是全面而深刻的。

（三）"知"于"行"

除了对主客体关系的阐述和对知觉的认识，王夫之还把实践引入到认识论中来，探讨了"知"与"行"的辩证关系。知行这对范畴早在先秦时期就已经提出，讲的是认识与实践的关系。之前的学者对知行的探讨多是围绕二者的主从关系、地位轻重等问题，王夫之创造性地继承了前人的一些观点，提出全新的知行观。

在知行关系中，王夫之明确指出"行乃以为知之实"（《四书训义》），有行之实才有知，只有在实践中能产生正确的认识。在知行关系中，他认为行是知的基础，并从三个方面论证了行对知的决定作用。首先，王夫之认为行高于知，他认为在知行二者中，思维认识不如身体力行，提出"行可兼知，而知不可兼行"（同上），行可以有知的功用，知却不能有行的功用；"行焉可以得知之效也，知焉未可以得行之效也"（同上），行可以得到知的效果，反过来却不可以，他的很多论断都说明行高于知。其次，王夫之还认识到行是检验知的标准，"求知之者，固将以力行之。能力行焉，而后见闻讲习之非虚，乃学之实也"（同上），

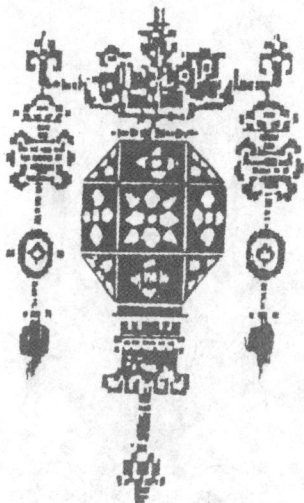

只有身体力行后才知道所知是真是假；又有"听其言，勿能信也，必观其行之勤，而后许其上达"（同上），在儒学中，"上达"是达仁，这句话表明，判断一个人是不是上达的君子并不是靠他的言行，而是靠他的"行"，表明应以实践来检验认识是否正确；此外，他还有"力行而后知之真也"（同上）等论断，阐述了实践才是检验真理的标准。最后，王夫之指出，行贯穿知的整个过程，不仅是检验知的标准，也是知的最终目的，"知之尽，则实践之而已"（《张子正蒙注》）。可见，王夫之不仅认识到实践是认识的来源和基础，还肯定了实践是检验认识的客观标准和最终目的，"行"决定"知"，在认识过程中占主导地位。

强调行在认识中的决定作用的同时，王夫之也充分肯定了知对行的指导作用。他在《周易外传》中指出："知之不彻者不可以行"，知对行有指导作用，认识不清楚而行就是盲目行动。《四书训义》中又有："非知之明，而何以行之至？"实践应以正确的认识为前提，认识不明确，又怎么能实行到位呢？《读四书大全说》中概括了知与行的辩证关系："由知而知所行，由行而行则知之，亦可云并进而有功。"通过"知"才知道"所行"，知的作用是指导如何去行，"由行而行则知之"，行的作用是检验知，二者各有功效，互相促进。

王夫之在坚持辩证唯物主义的基础上创造性地阐述了很多认识论的基本问题，他不仅明确提出了主体和客体的关系，还肯定了人的主观能动作用；不仅深刻地阐述了知觉的发生与发展，还对感性认识和理性认识进行了区分；不仅把实践引进认识当中来，还肯定了实践在认识过程中的重要性……王夫之的认识论已经接近了能动反映论的水平，为后世的哲学研究作出巨大贡献。

五、人性论和人生观

（一）人性论

人性是哲学中争论较多的问题，历代学者对人性都有不同的主张。孔子在《论语》中说："性相近也，习相远也"，天生的人性是相近的，后天的影响才使得人的差距较大；孟子主张性善论，认为人天生就有仁义礼智的道德内涵；荀子则持后天的性恶论，认为人的社会属性是贪利、放纵；张载把人性看做"气

质之性"，脱离开社会谈人性；朱熹认为性只是理，人之所以有善恶，是因为气质有清浊……

王夫之以前的学者大多把人性一分为二，以善恶论之，王夫之则另辟蹊径，用朴素的唯物辩证法分析人性，认为人性"日生则日成"（《尚书引义》），强调后天的"习"的作用。

首先，王夫之认为人性有先天、后天之分，"先天之性天成之，后天之性习成之也"（《读四书大全说》）。他认为，"先天之性"是由气构成的，是与生俱来的，是自然赋予人的，它具有理和欲两方面内容，理是指仁义礼智之理，欲则是声色臭味之欲，理与欲都是合乎天理的，二者并不矛盾。但是，气又是不断更新的，人性也不是一成不变的，"气日生，故性亦日生"（同上）。随着人的成长，感觉和思想都在逐渐发生变化，人性也就日趋成熟，"日生则日成"，这是他朴素辩证法在人性论上的具体应用。总之，先天之性中的理和欲是自然赋予的，后天之性则是"习"获得的，是人为而成的，人性的形成是先天到后天的全过程。

其次，王夫之发挥了孔子的"习"的思想，强调"习"在人性生成过程中的重要作用。他在《读四书大全说》中说道："而习者，亦以外物为习也，习于

外生于中，故曰'习与性成'。此后天之性所以有不善，故言气禀不如言后天之得"（同上），认为性格的形成是由于后天的"习"，否定了先验的善与恶，肯定善恶是由于后天的"习"。不只是善与恶，王夫之认为人的聪明才智之所以不同，也不是天生形成的，而是后天的"习"造成的，因此，他主张人应该"自强不息，日乾夕惕，而择之、守之、以养性也"（《尚书引义》），通过后天的努力使得人性趋于善，远离恶。

在他的人性论中，有一点非常值得注意，那就是他的先天之性包含的两部分——理和欲。王夫之对理欲关系的探讨是他人性论的重要组成部分。"理"与"欲"，即天理与人欲，指的是道德观念和人的物质欲望，二者的关系是哲学家们探讨的重要问题，在王夫之以前，很多学者视人欲为天理的对立面，认为欲望是万恶之源，主张存理灭欲。王夫之

对上述观点进行了批驳，从根本上肯定了理欲的统一和欲望的合理性。

上文已经提到，王夫之认为理欲都是人的先天之性，仁义礼智和声色臭味都是自然赋予人的本性。在此基础上他又指出，理欲并非截然对立，二者之间没有严格界限，"如兵农礼乐，亦可天理，亦可人欲。春风沂水，亦可天理，亦可人欲"（《读四书大全说》），被视为人欲的"兵农礼乐"也可以作为天理，被划分为天理的"春风沂水"也可以是人欲，天理与人欲的界限只是在公私的划分上，"人欲之各得，即天理之大同"（同上），只要人欲各得到满足，就是共同的天理，天理存在于人欲之中，二者不是互相排斥的，并不能把它们对立起来。由此，王夫之不只论证了理欲的统一，还肯定了人欲的合理性。

肯定了理欲的合理性后，如何处理天理与人欲的关系呢？王夫之主张"人欲

中择天理，天理中辨人欲"（同上），在人欲中选择天理，就是用天理来指导人欲；在天理中辨人欲，就是要在天理中实现人欲。由此，王夫之反对两种错误倾向，一种就是上文提到的"存理灭欲"的观点，王夫之对其进行了批判。他指出"若遏欲闭邪之道，天理原不舍人欲而别为体，则当其始而遽为禁抑，则且绝人情而未得天理之正，必有非所止而强止之患"（《周易内传》），如果强行遏制人的欲望，既违反人之常情，又不符合天理，必然会带来严重的后果。王夫之反对的另一种是纵欲，在《周易外传》中指出："欲不可纵。""父子夫妇以利相接，沉湎于货财，食色之中，而人道之异于禽呼鱼吹者无几"(《诗广传》)，人如果只知道放纵欲望，追求物质享受，就和禽兽没有什么区别了。因此，王夫之主张以理制欲，他在《周易内传》中说："以理制欲者，天理即寓于人情之中。天理流行，而声色货利从而正之。"用理来约束人的欲望，才能使理欲各得其宜。由此，通过对理欲关系的探讨，王夫之打破了传统的束缚，阐明了人先天欲望的合理性，对人的天性有了较开明的认识。

综上所述，我们可以看出，王夫之充分认识到了人性的形成包括先天后天两部分，并且提出后天习得的重要性。既然王夫之对于人性有这样的深刻认识，那么他本人又是如何通过后天习得发展自身人性的呢？可以说，王夫之一生都以

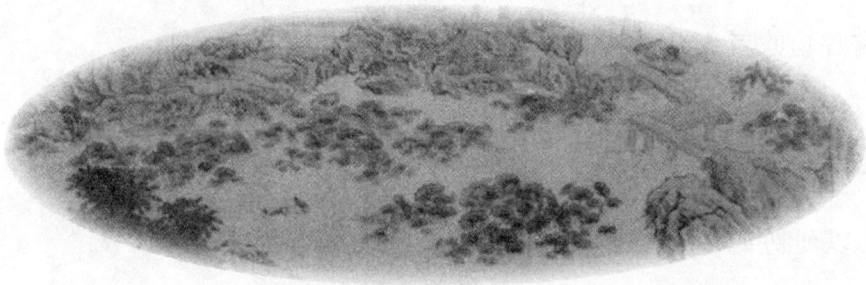

正确的人生态度孜孜不倦地追求人性的升华，他所达到的精神境界为后人留下了宝贵的财富。下面我们就对他的人生观作简单的介绍，从中探视他是如何贯彻自己的人性论的。

（二）人生观

人为什么活着，人生的意义在哪里，这是人活在世上都在思考的问题，也是人生观的核心问题。王夫之对待人生，可以用一句话来形容：不虚此生。

王夫之一生历尽磨难，但他从未停止奋斗：清兵占领中原，虽然明朝力量薄弱，他依然把生死置之度外，为抗清出谋划策，三赴永历政权，甚至武装起义，为抗清献出自己所有的力量，直至遭人陷害才不得已退出政治舞台，与明朝政府失去联系后，王夫之又在清军的追捕下四处流亡，居无定所，可他在饥寒交迫中仍坚持理论创作，为民族复兴寻找出路，直至逝世前也未曾放弃著述。他的一生，无论条件如何艰苦，都不曾虚度，正是他在《宋论》中所说的那样"生不虚而死不妄"。

正是本着不虚此生的态度，王夫之尊重生命的权利，主张爱护生命，在清政府的追捕中，宁可改姓易名隐居荒山，过着饥寒交迫的生活，也不轻易放弃生命。但是，他珍视生命，并不是畏惧死亡，

更不是为了享乐，而是为了尽自己的义务，他在《四书训义》中说道："死者天之事，生者人之事，人所必尽者，人而已矣。"人活在世上就要尽应尽之义务，发挥自己的积极能动作用改造天地。王夫之把"义"视为做人的根本原则，"生以载义，生可贵，义以立生"（《尚书引义》），人的生命价值就体现在承担义上，义是生的资本，比生更加可贵。因此，王夫之要求人活着就必须承担义务："一日未死，而有一日必应之物理；一日未死，而有一日必酬之变化"（《四书训义》），如果生而不承担义务，只知道追求享乐甚至出

卖国家民族，那就是民族败类了，王夫之对此等人是最不耻的。

王夫之珍视生命，一生承担了民族复兴和学术著作两方面大义，可以说达到了生的最高境界，但他更不是贪生怕死之徒，否则他就不会投入到抗清的斗争中去并发动武装起义了，即使在清政府"留发不留头"的剃发令逼迫下，他也未曾动摇过，以完发而最终维持了民族尊严。可以说，王夫之以其"生不虚而死不妄"的精神完美地演绎了人性的乐章。

六、历史观

王夫之十九岁时就随叔父王廷聘博
览史籍，掌握了丰富的历史知识，他的
一生在史学方面有很大成就，很多著作
像《永历实录》《宋论》《春秋家说》《春
秋世论》等，都是史学巨著，某些哲学
领域的著作像《读通鉴论》等也包含了
丰富的史学思想。他的历史观史论结合，
提出了很多独到的观点，至今仍有深远
的现实意义。

历史观的核心问题，当然是历史发

展的方向问题。在王夫之以前，很多人认为历史的过程，不过是治乱循环，王夫之则持鲜明的历史进化论。他按照社会经济文化的发展水平把人类历史分为若干阶段，认为社会在发展中逐渐进步。首先，是远古蒙昧时代，王夫之认为，这时候人们还没能把自己和自然界区分开来，还处于茹毛饮血的状态，人们群居于洞穴之中，根本谈不上文明。随着社会发展，人类发明了火和工具，学会了种植，才渐渐进入了农业文明时期，这时候人们已经过上了定居生活，并有

了酋长统治的政治。在此基础上，秦朝开始了封建统治，人类走向封建社会，有了政治、经济、文化的发展。王夫之肯定随着时代的变迁，人类文明逐渐提高，社会逐渐进步，这是他历史进化论的基础。

王夫之的历史进化论并未止于此。封建社会发展到明朝已经经历了千年之久，这期间，封建王朝几经更替，很多人认为这是历史的循环。王夫之则认为，任何朝代和社会都不可能永远维持统一、稳定的局面，"天下之势，一离一合，一治一乱而已"（《读通鉴论》），国家的统一就是治，分裂就是乱，统一的相对

稳定中必然蕴含着动乱的因素，积累到一定程度就必然会打破原有的平衡。在他看来，经过一定的动乱之后，社会又将重新建立它的秩序，出现新的稳定的局面。历史就是在这样一治一乱的更替中不断向前演进的。但是，这样的治乱绝不是简单的往复循环，而是新事物代替旧事物的不断前进，这和他的矛盾运动观点不谋而合。从他的历史进化论中，我们可以看出，王夫之已经认识到了历史的发展并非是直线前进的，其进程中必然会有一定的挫折或短暂的倒退，但总的发展趋势是在曲折中前进。可见，王夫之建立在辩证唯物论基础上的历史进化观是十分正确的。

肯定了历史在发展前进的同时，王夫之还总结了"理势相成"历史发展规律。王夫之在他的理气观中提出了"理依于气"、"气无非理"的观点，说明世间万物都有自己的发展规律，他把这个观点应用到历史发展中来，认为历史也有自己的发展规律，这个规律就是"理"。历史的发展前进不是偶然的，它有自己发展的必然趋势，这就是"势"。他把"理"和"势"统一在一起，论证了历史发展的必然性和规律性的统一。

首先，王夫之认为理中有势，势中有理。他在《读四书大全说》中说道"理当然而然，则成乎势矣。'小役大，弱役强'，势也。势既然而不

得不然，则即此为理也"，"当然而然"是理，"不得不然"为势。此书中又说："迨已得理，则自然成势，又只在势之必然处见理。"可见，王夫之认为，自然而然的道理中必然包含着一定的趋势，而这种趋势中也必然能看得见理，得理才能成势，顺势才能成理，二者的关系是你中有我、我中有你，不可分割的，正如他在《尚书引义》中所说的"势者事之所因，事者势之所就，故离事无理，离理无势"。

其次，王夫之又以史实来论证了历

史发展的"理势相成"规律。他在《读通鉴论》中写道:"郡县之制,垂二千年而弗能改,合古今上下皆安之,势之所趋,岂非理而能然哉?"中国古代封建社会的郡县制度已经实行了两千年之久,人们都安然接受,说明这个制度是符合历史发展趋势的,符合历史发展趋势的不是理又是什么呢?说明郡县制是历史发展的趋势与规律的统一。

肯定了理势的统一之后,王夫之还指出,历史发展进程中的"理"决定"势"的发展,理的恰当与否会导致势的顺利与不顺利:"势之难易,理之顺逆为之也。

理顺斯势顺矣，理逆斯势逆矣"（《尚书引义》）。因此，王夫之主张"大智者以理为势，以势从理，奉理以治欲而不动于恶"（《春秋家说》），聪明人要奉守理，不能一味穷奢极欲。此外，他也肯定了势的重要作用，"时异而势异，势异而理异"（《宋论》），时势会发生变化的，理也会发生变化，人们要适应形势发展而采取不同的应对措施。因此，王夫之主张人要在历史进程中把握理势的时机，"有智慧而无可为之势，则不如乘时者之因机顺导"（《四书训义》），有智慧不如抓住时机行事，可见把握理势的重要性。

综上所述，王夫之肯定了历史前进的必然性和规律性，对历史有着一系列卓越的认识。但是，历史是社会的历史，每个人本身都是历史的组成部分，作为一个地主阶级知识分子，王夫之对历史的观点不可能做到完全公正，其中必然有些偏颇的部分，就像第一部分内容提到的，他对农民阶级存在着一定的偏见，对农民起义在历史进程中的作用认识还不够深刻，诸如此类问题我们应当正确认识，不能对其一味吸收。

从以上内容可以看出，王夫之哲学理论体系的各部分内容基本是一致的，他肯定了世界的物质性，在论证了物质的运动规律的基础上，发展了他的认识论、人性论及历史观，把朴素唯物论和朴素辩证法有机地结合在一起，形成了系统完备的理论体系，创造了朴素的辩证唯物主义哲学，王夫之真不愧是中国古代哲学的集大成者和总结者。

七、社会政治
思想

王夫之不只是我国古代哲学的集大成者，他丰富的社会政治思想也同样令人叹为观止。笔者将分别介绍王夫之的民族思想、政治思想以及教育思想，希望能通过这些内容和他哲学思想的结合，建立起一个全面、立体的王夫之形象，使读者对他有更加深入的认识。

（一）民族思想

我们已经熟悉了王夫之的生平，虽

然他人生的大部分时光是在清政府统治下度过的，但是，他至死都以明朝人自居，始终不承认清政权，他强烈的爱国热情为后人所称道。在了解王夫之毫不妥协的民族气节的同时，深究他这种民族大义产生的思想基础也有着重要意义。

王夫之的民族思想源于我国古代的"华夷之辨"。古代华夏族群居于中原地区，是文明的中心，周边的民族文化则比较落后，因此，就逐渐产生了华夷之分，符合华夏礼俗文明的为华（夏），不符合的则被称为（蛮）夷。显然，称少数民族为"蛮夷"有轻视的意思。王夫之在《读通鉴论》中说道："夷狄之与华夏，

所生异地，其地异，其气异矣。气异而习异，习异而所知所行蔑不异焉。"可见，王夫之也对少数民族和汉族进行了区分，称少数民族为蛮夷，认为他们和华夏民族之间由于生活的地域不同而习气不同，进而思想和行动都不相同。

有了这样的思想基础，再来理解王夫之的民族思想就不难了。首先，王夫之认为少数民族和汉族之间应该保持这种差异，不应互相侵扰："语曰：'王者不治夷狄'，谓沙漠而北，河洮以西，日南而南，辽海而东，天有殊气，地有殊理，人有殊制，物有殊产，各生其所生，养其所养，君长其君长，部落其部落，彼

无我侵，各安其纪而不相渎耳。"(《宋论》) 可见，他认为各民族都有不同的特点，在遵守自己的纪律的同时，不能扰乱别的民族，民族间应该和睦相处。在此基础上，他批判了历史上汉族压制少数民族的行为，认为班超驻守西域、后汉进攻西羌等都属于非正义的压迫行为。作为汉族人，王夫之并不偏袒华夏民族某些时期恃强凌弱的行为，可见，他对历史的态度还是十分公正的。

但是，历史上也有很多少数民族对汉族进行过侵扰，王夫之所处的时代恰恰又正是满族入关的时代，他的民族思想更多是面对外来的民族压迫提出来的。首先，面对外来压迫，王夫之并不是一味指责外族的行为，而是更多地从汉族内部找原因，他认为外族之所以来侵，是汉族统治者中的某些昏君和佞臣贪心的结果，是汉族经常出兵攻打少数民族招来的后果。其次，王夫之从维护民族利益出发，希望汉族能加强自己的防御，增强军事力量，通过巩固政权来避免少数民族的统治，因此，王夫之对历史上的民族英雄都十分赞赏，认为汉武帝刘彻等人的丰功伟绩是完全正确的。不仅如此，王夫之还把维护民族利益看得比君臣名分更重要，他在《读通鉴论》中说："不以一时之君臣，废古今华夏之通义。"他认为维护汉族人的统治才是古今之"通义"，为了维护这个"通义"，即使臣子代替君主也是可以接受的。他还以桓温、岳飞为例："桓温之北伐，志存乎篡也……即令桓温功成而篡，犹贤于

戴异类以为中国主"(《读通鉴论》),"飞而灭金,因以伐宋……"(同上)。他认为,桓温、岳飞取君主而代之总比汉族人被外来民族统治好得多。可见,王夫之十分重视民族独立。

基于这样的思想,王夫之特别憎恨历史上的汉奸,也特别反对投降行径,对历史上卖国求荣的小人和投降主义的倾向大加批判。也正因为如此,王夫之本人在明清对抗中一直坚持抵抗,即使永历政权日趋腐败,他也未曾放弃抗清的斗争,他甚至还在三藩之乱时四处游走,想掀起反清复明的运动。王夫之的这些思想和他所处的时代背景是分不开的,他生活的年代正是明清交替、山河易主的时期,清政府取代明朝政府后,在中原实行残酷的统治,人民饱受压迫,王夫之对清政府的敌视态度对他的民族思想难免有所影响。我们很

难说清是时代造就了他的民族思想，还是他固有的民族思想影响了他对清政府的态度，毕竟一个人的思想离不开时代的影响，二者应该是相辅相成的。

综上所述，王夫之的民族思想中包含了很多具有进步意义的因素，他反对民族间互相压迫的思想值得后世学习，但是，他的民族思想中也存在着一些错误的地方。首先，少数民族在历史的进程中也作了很多贡献，他把少数民族看做劣等民族，称之为"蛮夷"，这是极端错误的。其次，他认为少数民族只应该居住在自己的地方，不应迁入中原，甚至否定民族间的沟通，这是非常不利于民族融和与社会统一的，从长远的角度看也是影响社会进步的。此外，他也没能看清战争是统治者发动的，不分阶级地对侵扰过中原的少数民族人民一律怀仇视态度是不可取的。因此，我们对待王夫之的民族思想，要分清其积极影响

和消极因素，决不能笼统地批判或赞扬。

（二）政治思想

我们知道，王夫之出生于没落的地主家庭，身处中小地主阶层的他，受到阶级出身和社会环境的限制，政治思想中不可避免地存在某些封建社会的糟粕。他强调封建等级制度，虽然明朝末期社会动荡，统治阶级给人民带来深重灾难，他也仍然认为人民应该维护君主的统治地位，另外，他还把封建士大夫看得高人一等，轻视一般商贾和社会底层的子弟。但是，尽管王夫之的政治思想中有很多不可取的地方，作为一个关心社会局势和人民疾苦的改革家，他的思想中也包含了很多正确的因素，值得我们注意。

王夫之生活的时代，正是明朝统治摇摇欲坠的晚期，人民不堪悲惨的生活纷纷揭竿而起，特别是李自成领导的农民起义军推翻了明王朝，崇祯皇帝吊死煤山，让王夫之深受震撼。他在以后的理论创作中深刻地意识到，要想维护封建统治，必须缓和社会矛盾，减轻人民的生活负担。他在《读通鉴论》中说道："严者，治吏之经也；宽者，养民之纬也，并行不悖，而非以时为进退者也……故严以治吏，宽以养民，无择于时而并行焉，庶得之矣。"可见，王夫之认为统治者应该对民宽、对吏严，二者同时进行，

虽然他提出这样的政策根本上是为了维护封建统治，但这种思想中包含的爱民思想值得我们认真研究。

首先来看他的"严以治吏"。王夫之认为，对贪官污吏决不能姑息放纵，必须严加治理。他对历史上那些严惩贪官污吏的君主十分赞赏，认为像明太祖打击贪官污吏的行为就十分正确；而对于那些包庇贪官污吏的君主，王夫之则严加谴责，他认为明朝后期的统治着对待贪官污吏的态度过于宽松，这样做有很大危害，必须彻底改变。另外，王夫之认为官吏犯错不能只惩罚下级官员，对指使小官行恶的大官却不加惩罚，毕竟搜刮人民的根源在于那些上级官吏，他在《读通鉴论》中说道："严下吏之贪，而不问上官，法愈峻，贪益甚，政益乱，民益死，国乃以亡。"不从大官开始严加惩治，政权与社会终究会因为他们的贪图挥霍行为招致动乱甚至灭亡，因此，

国家对待官吏一定要严。

再来看他的"宽以养民"。王夫之在《读通鉴论》中说："夫为政者，廉以律己，慈以爱民，尽其在己者而已。"他以仁爱观念对待人民，面对生活艰苦又负担沉重的人民，王夫之认为应该采取"宽"的政策，不应该对他们加以沉重的剥削，要做到这些，就要求统治者改革政策。王夫之对此提了一些建议，他认为对待贫苦农民，应该减轻徭役，遇到水旱灾害时，必须免去他们赋税使他们渡过难关，而对于那些持有大量土地的大地主，则应该增加赋税，这是他的抑制豪强的思想。在此基础上，他还要求统治者"欲得临民，亦须着意行简"（《读四书大全说》），希望以"简"作为行政的原则，通过革除繁缛的政令，减轻人民的负担。此外，王夫之的宽民思想还包括他的一些具体建议，这里就不再赘述。

鉴于明朝后期政治腐败，王夫之还

提出他的法治思想，充分肯定了封建社会法治的作用。他在《读通鉴论》中说："法不可以治天下者也，而至于无法，则民无以有其生，而上无以有其民。故天下之将治也，则先有制法之主，以使民知上有天子、下有吏。"可见，他认为没有法就不会有君臣、子民，天下就得不到治理。另外，王夫之还十分肯定刑罚在法治中的重要性，主张对那些危害社会的不法分子严加惩治，体现了他对犯罪决不宽容放纵的思想。值得注意的是，王夫之虽然重视刑罚，主张用严厉的法治加强权威，却并不主张效法暴君统治，反对任用酷吏，提倡实行法治而不暴虐，表达了他对残酷的封建统治的不满和希望革新的愿望。

王夫之不但重视法治，也十分注重

选贤任能，主张将用人与行政统一起来，他在《读通鉴论》中说："用人与行政，两者相扶以治，举一废一，而害必生焉。"该书中还有："治之弊也，任法而不任人。夫法者，岂天子一人能持之以遍察臣士乎？势且仍委之人而使之操法。于是舍大臣而任小人，舍旧臣而任新进，舍敦厚宽恕之士而任侥幸乐祸之小人。其言非无征也，其于法不患不相傅志也，于是而国事大乱。"他认为，天子一人并不能对所有事情都明察秋毫，国事需要有贤能的人来辅佐，但是，如果只是任用小人，必然导致政治黑暗，国家混乱。

他不仅希望君主能选贤任能，还主张培养人才，这在他的教育思想中有所论述，不再赘述。

（三）教育思想

王夫之十分重视教育，正如我们在前面所涉及到的，一方面，他认为人性的形成主要靠后天习得，人的聪明才智的差距都是后天的"习"造成的，因此，教育是在人性的形成中有着重要作用；另一方面，从政治角度考虑，王夫之认为国家的治理需要人才，君主选贤任能的前提是国家不缺乏人才，因此他主张大力兴办学校，发展教育。他不仅认识到教育的重要性，还在著作中渗透了很多值得学习的教育思想，对我们今天的教育教学仍有着指导意义。

王夫之认为，国家重视教育，不仅要增加教育的数量，更要提高教育的质

量，这首先就要从改进儿童的教育开始。他在《俟解》中说道："养习于童蒙，则作圣之基立于此。"在他看来，儿童时期受到良好的教育是一个人成才的基础，因此，他十分强调对儿童的培养。王夫之还提出了对儿童进行教育的重点在于"正其志"（《张子正蒙注》），这里的"志"指的是人的奋斗目标，他认为儿童的思想还不成熟，最需要别人的指导，他们比较容易接受新鲜事物，又有较强的可塑性，趁这个时候采取适当形式培养他们的意志和情操，才能使他们树立正确的志向，将来成为对社会有用的人。他的这一观点正确地认识到了教师"树人"职责的重要性，是十分可取的。

此外，王夫之还对青年的教育提出了一些意见。他认为，当时的青年学习的都是一些不实用的知识，思想观念也跟着受了很多消极影响，国家要培养经世致用的人才，就必须加以改革。首先，

王夫之提出了对教学内容的改革。明朝讲学的内容主要是儒家的四书五经，王夫之认为，学生学习这些内容不应该盲目地崇拜，应该对其中陈旧的部分果断地加以否定，对儒家经典采取扬弃的态度。另外，青年还应该多学习一些实用的知识，研究"天人、治乱、礼乐、兵刑、农桑、学校、律历、吏治之理"（《噩梦》），这样的主张充分地表现了王夫之学以致用的思想，对当时的教育有着重大的革新意义。其次，他还提出了要加强对青年的道德教育。他所说的道德教育，指的就是儒家倡导的"仁义礼智"，这对于培养德才兼备的人才，有着重要意义。

王夫之的教育思想不仅包含了教育的内容，还包含了很多具体的教学方法。首先，教师培养学生必须因材施教，他在《礼记章句》中说的"师必因材而授"就是这个意思。王夫之认为每个学生都有不同的基础和天分，又有不同的志向和特点，教师对待不同的学生要有不同的授课方式，比如，对待理解能力强的学生，要教以高深的知识，对待学习态度差而又没天分的学生则只能讲授他们可以理解的知识，否则就会造成不良的后果。其次，针对学生学习没有恒心的现象，王夫之提出教师要指导学生保

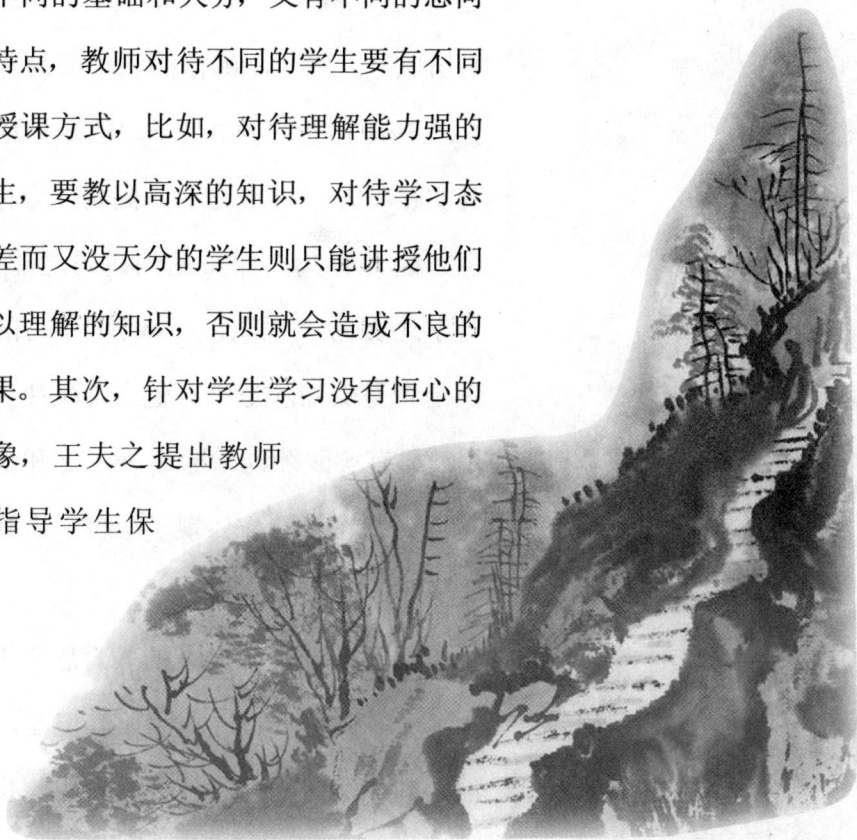

持学习的持续性，让他们认识到学习的意义，做到"求知之功不间于一日"（《四书训义》）。再次，王夫之认为，教师传授知识不能生硬的灌输，而应该用启发引导的方式指导学生掌握正确的学习方法，让学生主动思考，形成解决问题的能力，"故善教者必有善学者，而后其教之益大"（同上），即学生主动学习才能有所收获。最后，和他的实学观念相结合，王夫之主张学生把学习的知识应用到实践中去："求知之者，固将以力行之也；能力行焉，而后见闻讲习之非虚，乃学之实也。"（同上）一个人学习的知识是否是真知，是否对他个人和社会有用，只有实践才能检验出来，这和他的知行观紧密结合，体现了他哲学思想的实用性。

综上所述，王夫之的教育思想中包含了很多实用、先进的因素。但是，和他的其他思想一样，他的教育思想也不

可避免地有一些局限性，例如他认为只有地主阶级的子弟才有资格进学校接受教育、教育的目的是维护封建统治、教育的内容偏重政治伦理等，都非常落后甚至荒谬。我们对待他的教育思想，也该采取扬弃的态度，不能全盘肯定。

八、王夫之的历史地位及影响

　　王夫之作为明末清初最杰出的学者之一，不仅在哲学方面有很大成就，在其他方面如文学、史学、经学方面也有很大影响。他一生留下著述三百多卷，共计九百余万字，除本书涉及到的哲学著作外，还有很多诗学著作如《唐诗评选》《明诗评选》《薑斋文集》《落花诗》《洞庭秋诗》《仿体诗》等，诗论专著如《南窗漫记》《夕堂永日绪论外篇》等合编为《薑斋诗话》，史学著作如《永历实录》《宋

论》《春秋家说》《春秋世论》等，另外，王夫之还写过杂剧《龙舟会》，可见其著作内容之多、范围之广。他的一生，除了作为一个哲学家总结了我国古代的哲学思想外，还作为一个文学理论家与叶燮一起，被称为中国美学史上的双子星座，他的诗论和美学思想在文学史上占有重要地位，有兴趣的读者可以深入研究。

王夫之一生取得了诸多成就，但奠定其历史地位的终究是他的哲学。他吸收了中国古代哲学的优秀成果，创立了朴素唯物主义和辩证法相结合的博大精深的哲学体系，还建立了能与所、格物与致知、知与行等辩证的认识论体系，并运用他的这些理论透彻地分析了人性和历史，提出了很多前人未涉及的新范畴。可贵的是，王夫之敢于向权威挑战，对经典的老庄虚无学说、汉代的天人感应、佛学的出世思想、理学的天理人欲观、陆王的心学及历史退化论等都做出了深刻的批判，将事物的本来面貌揭示出来，给后人指引了正确的方向。可以说，王夫之的思想汇集了我国传统文化的精华，他是我国古代哲学思想的批判总结者和最高发展者。虽然王夫之一生隐居著述、与世隔绝，但他的作品一经后人发现，便如轰雷震响大地，产生了深远而巨大的影响，正像谭嗣同所说的："万物招苏天地曙，要凭南岳一声雷"（《论六艺绝句》），他还这样高度评价了王夫之的历史地位："五百年来学者，真通天人之故者，船山一人而已。"（《清代学术概述》）

王夫之还是中国古代社会政治思想

的批判总结者，是近代启蒙思想的先驱。

章太炎曾说过："当清之季，卓然能兴起顽懦，以成光复之绩者，独赖而农一家而已。"（《船山遗书序》），可见王夫之对清朝和近代的影响之大。首先，王夫之强烈的汉民族的自尊心支持他一生反对清朝统治，他不屈不挠的精神和民族独立的思想不仅增强了民族自豪感，还对戊戌变法和辛亥革命都产生了积极的影响。在国家统治腐朽，民族危亡的时刻，很多仁人志士受到王夫之思想的鼓励，章太炎称赞他为"民族主义之师"（《章太炎政论选集》），孙中山说他："严《春秋》夷夏之防，抱冠带沉沦之隐，孤军一旅，修戈矛于同仇……而义声激越，流传人

间……"(《中国同盟会本部宣言》)。其次，王夫之的政治思想对后世的革命家有启迪作用。他主张限制君主的权力，认为天下不是君主的私人财产，否定了"普天之下莫非王土"的思想，认为"王者臣天下之人而效职"，引发了后世的民主思想。他主张保障人民的基本生活，提出"宽民"政策，对生民立命的思想产生了深远影响。再次，王夫之的实学观念发展成后代经世致用的新学风，对后代废除科举起了推动作用，产生了积极的影响，梁启超在《论中国学术思想变迁之大势：近代之学术》中说道："乾嘉后，汉学家之说经，往往有自矜创获，而实皆船山诸经稗疏所已言者，故船山亦新学派之一导师也。"认为王夫之对后代的新学风有引导作用。此外，王夫之提出理欲皆是人的天性的一部分，肯定了人的欲望的合理性，这在中国思想史上的地位简直可与西方的文艺复兴相媲美，

后世的谭嗣同、戴振等人直接继承了他的这一思想，用其作为思想改革的武器。他对后世的影响十分广泛，总的说来，王夫之精深的理论和辩证的思想已经升华为中国传统文化的一部分，成为后世学习的典范。

王夫之的思想，是 17 世纪特殊历史条件下产生的时代精华。他生前或四处流亡，或隐居荒野，全部著作都没有机会面世，直至去世，一些著作才逐渐整理刊印出来，但是，由于时代原因，他的作品一直没被重视起来。1840 年鸦片战争以后，中国的一些进步思想家积极寻求民族自救的思想武器，国人才得以逐渐接触到王夫之的作品。